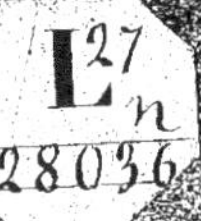

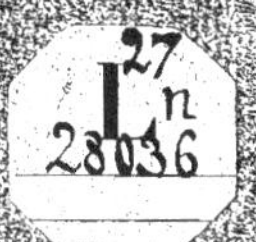

INSTITUT DE FRANCE.

ACADÉMIE DES BEAUX-ARTS.

NOTICE

SUR

VICTOR BALTARD

PAR

M. Charles GARNIER.

Lu dans la séance du 30 mai 1874.

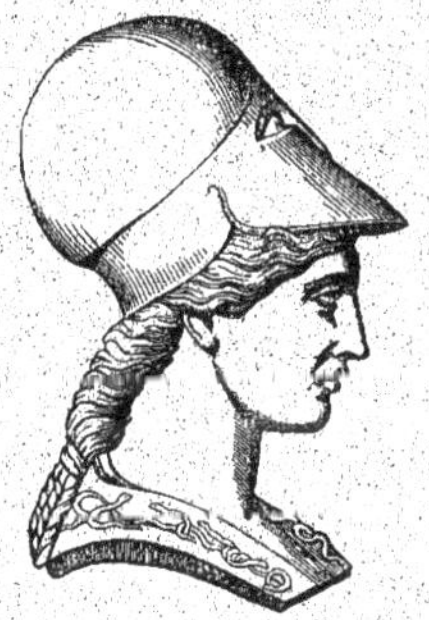

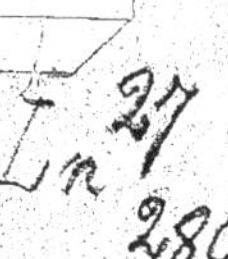

PARIS

TYPOGRAPHIE DE FIRMIN DIDOT FRÈRES, FILS ET Cⁱᵉ

IMPRIMEURS DE L'INSTITUT DE FRANCE, RUE JACOB, 56

M DCCC LXXIV

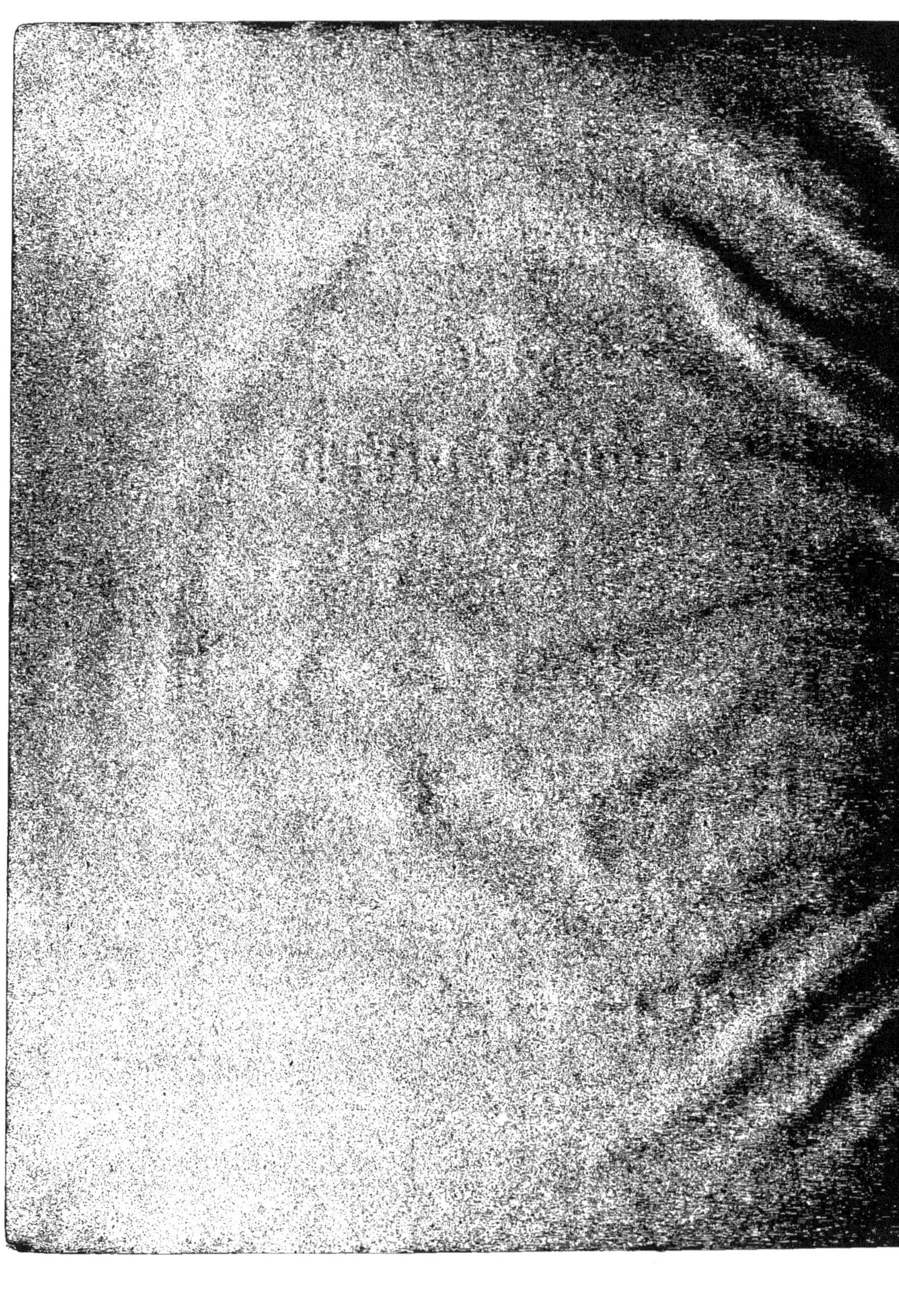

INSTITUT DE FRANCE.

ACADÉMIE DES BEAUX-ARTS.

NOTICE

SUR

VICTOR BALTARD

PAR

M. Charles GARNIER.

Lu dans la séance du 30 mai 1874.

Vitruve, dont je ne veux pas dire de mal, mais qui avait pour les aphorismes le même penchant que Sancho Pança pour les proverbes, Vitruve déclare que pour être architecte il faut savoir l'astronomie, la médecine, les mathématiques, la jurisprudence, le dessin, la comptabilité, l'histoire, la géographie, et même un peu l'architecture.

Il n'espérait pas, sans doute, en proclamant cette vérité, qu'il se rencontrerait souvent des artistes pouvant prétendre à la perfection désirée. Notre regretté confrère,

M. Baltard, a su cependant réunir toutes les qualités reconnues nécessaires à notre art, et ce que réclamait l'architecte d'Auguste a été donné bien amplement par l'architecte de M. Haussmann.

M. Baltard, en effet, était écrivain distingué, orateur abondant, dessinateur habile, administrateur judicieux et ingénieux constructeur. Il avait la netteté du jugement, la promptitude de la décision, la connaissance des hommes, la loyauté du soldat et la courtoisie du grand seigneur. Il était à son heure peintre, graveur, ingénieur et littérateur en même temps qu'architecte; il avait l'expérience des anciens et la vaillance des jeunes; enfin il possédait à un haut degré, non-seulement les dons brillants qui font l'artiste, mais encore les dons solides qui font les hommes supérieurs.

Si les circonstances eussent amené M. Baltard à exercer une autre profession que celle qui a si bien rempli sa vie, au lieu d'être un architecte éminent, notre cher confrère eût pu être un docteur excellent ou un remarquable homme politique; il aurait pu devenir un savant ou un industriel, un poëte ou un commerçant. Sa vocation pouvait se manifester sur tous les points, et la multiplicité de ses connaissances le rendait apte à toutes les grandes choses. Devant cette variété de savoir, on regrette d'autant plus que la vie humaine soit trop brève pour permettre à l'homme si puissamment doué de donner la mesure complète des travaux qu'il eût été capable de mener à bien.

Heureusement, M. Baltard peut se contenter de ce qu'il a fait; sa vie a été singulièrement active, il a saisi tous les côtés de l'art qu'il avait choisi, et il a touché avec distinction et même avec éclat à tout ce qui se rapporte aux grands problèmes de l'architecture.

Victor Baltard a été simple élève à l'École des beaux-arts, puis grand-prix de Rome, puis directeur des travaux de la ville de Paris, puis inspecteur général des bâtiments civils et membre de l'Institut. Il a organisé presque toutes les grandes fêtes publiques ; il a dans sa période administrative surveillé la plupart des travaux de la capitale ; il a écrit de nombreux articles sur les arts ; en somme, dans sa carrière toujours honorable et honorée, il a donné à tout instant des preuves de son esprit lucide, de sa pensée constamment en éveil et de ses qualités de pondération et de logique.

Malgré toutes ces qualités, ou plutôt à cause d'elles, M. Baltard aurait pu être condamné à ne pas dépasser dans les arts ce que l'on est convenu d'appeler une moyenne estimable ; en effet, la pondération même de ses pensées et de ses tendances aurait pu devenir un obstacle à la production d'œuvres hors ligne. Lorsque l'équilibre est parfait entre toutes les qualités possédées par un homme, il est rare que l'étincelle jaillisse ; l'esprit critique remplace l'esprit d'initiative, et, si le talent se montre au complet dans ces conditions, on peut croire qu'on n'y trouvera pas le petit grain de folie qui stimule l'imagination. Les forces naturelles elles-mêmes sont soumises à cette loi ; c'est la rupture de leur équilibre qui produit le grand spectacle de la mer agitée, et qui a fait surgir les montagnes ; sans cet équilibre rompu, les ondes seraient toujours paisibles, la plaine toujours monotone, et l'ennui naîtrait de cette nature sans imprévu, comme il naît d'un talent sans défaut.

Je n'ai pas à citer les noms d'artistes recommandables qui n'ont guère eu que des qualités. Vous en avez sans doute connu plusieurs qui ont fait partie de cette catégorie ; M. Baltard aurait peut-être été englobé avec eux, si, heureusement, il n'avait eu en lui une sorte de défaut qui l'a empêché d'être parfait. Il aimait un peu ce qui était compliqué ; il se savait certain de vaincre les difficultés et se plaisait souvent à s'en créer de nouvelles, rien que pour avoir le plaisir et l'honneur de les vaincre. C'était un chercheur, non pas dans le sens vague du mot ; mais un chercheur se fixant un but défini, et l'atteignant par la force de sa volonté. Il raisonnait à fond son art ; la logique implacable l'amenait parfois à formuler des expressions artistiques que le sentiment seul aurait abandonnées ; mais lorsque cette logique lui avait dit : « C'est ici qu'il faut aller, » il allait et mettait au service de la tâche qu'il s'était donnée toutes les connaissances qu'il possédait, tout le travail dont il était capable, tous les procédés qu'il pouvait découvrir, et dès lors, quelles que fussent ses idées, il arrivait toujours à leur donner un corps et à les mettre en évidence.

Il fallait être doué comme M. Baltard pour jouer à ce jeu parfois dangereux ; un esprit moins net, une nature moins sérieuse se fût perdue en chemin, et notre confrère alors eût pu devenir de la race de ces rêveurs subversifs qui pensent que l'architecture a pour but de faire parler les pierres et pour moyen l'emploi du rébus prétentieux. Grâce à Dieu, M. Baltard sut éviter l'écueil ; il cherchait, mais il n'oubliait pas ses premières études ; il rêvait, mais tout éveillé et de façon à ne pas laisser le cauchemar l'envahir.

Lorsqu'il construisit l'église de Saint-Augustin, il se donna pour problème d'employer simultanément le fer et la pierre, non pas tels qu'ils sont communément mis en œuvre, mais en y mettant une certaine coquetterie. « Toi, fer, dit-il, tu es rigide et tu ne t'affaisses point ; toi, pierre, tu te superposes et les joints se tassent sous ton poids : eh bien ! malgré cela je vais vous accoupler, vous juxtaposer l'un à l'autre, et nous verrons bien qui l'emportera de ma science ou des lois de la pesanteur. » Et il flanqua de colonnes de fonte tous les murs de l'église, donnant ainsi aux points d'appui réels une apparence plus grêle que celle des parois de l'édifice. Les murs alors auraient dû se déchirer, les colonnes auraient pu se courber et la vue intérieure du monument aurait pu inquiéter les regards ; mais point. M. Baltard sut combiner les divers éléments de telle façon que tout fut stable, et que l'aspect de l'ensemble fut harmonieux, malgré l'hétérogénie de ses parties constituantes.

C'était là, il faut l'avouer, un problème dont la solution n'était pas sans péril ; mais il montre au moins que l'artiste qui s'était imposé un tel programme avait en lui les ressources nécessaires pour en vaincre les difficultés. La construction de l'église Saint-Augustin suffirait donc à elle seule pour montrer que son auteur pouvait à son gré rompre l'équilibre naturel de ses forces intelligentes.

Mais M. Baltard aurait pu au besoin ne pas donner cette preuve de l'ingéniosité de son talent, car il avait déjà produit une œuvre considérable qui restera son plus grand titre de gloire. Je veux parler des Halles centrales.

La construction de cet édifice a subi deux phases distinctes, c'est-à-dire qu'elle a été conçue successivement suivant deux données opposées. Pour la première, M. Baltard, soit qu'il suivît sa pensée, soit qu'il se conformât à un programme imposé, avait pour point de départ l'emploi de la pierre, et la clôture presque hermétique des locaux destinés à la vente des denrées. Partant de ce principe, il composa son monument de manière à bien indiquer les conditions qui lui avaient servi de guide, et il les exagéra même de façon à ce que le pavillon élevé d'après ces données eût l'aspect caractéristique d'une enceinte robuste, ne trahissant pas au dehors ce qui se passait à l'intérieur. Le public, souvent injuste et parfois malin, se plut à donner à ce pavillon le nom de « Fort de la Halle ». Ce jeu de mots, qui traduisait peut-être l'impression populaire, doit cependant être considéré comme un hommage rendu à M. Baltard, car il prouve que l'architecte avait rempli complétement le programme donné, et qu'il avait fait de son monument une espèce de temple fermé, qui ne devait contenir que les prêtres et les fidèles, je veux dire les vendeurs et les acheteurs.

Je n'ai pas à discuter le parti choisi pour une telle installation ; mais, ce parti une fois accepté, M. Baltard l'avait mis en pleine évidence, faisant en cela œuvre d'architecte et de logicien.

Quoi qu'il en soit, il fut décidé un jour que les données premières seraient abandonnées, et que les Halles, au lieu d'avoir le caractère d'un naos, accessible seulement aux initiés, auraient celui d'une agora accessible à tout le monde.

Le programme changeant, les dispositions devaient

changer, et M. Baltard montra alors autant d'ardeur à
satisfaire aux secondes conditions, qu'il en avait mis à satisfaire aux premières. Il renonça à l'emploi de la pierre,
dont le but principal est de former les enceintes, et il prit
le fer dont la mission est de former de légers points d'appui ; il ouvrit son édifice, laissant la lumière et l'air péné-
trer de toute part, et couvrit par des toits élégants tous
les fins supports qui dessinaient le plan des Halles : bref,
il construisit comme un immense hangar, pouvant servir
d'abri à une foule immense. Dès lors il créa, par cette
nouvelle façon de comprendre un marché, un type complet et caractéristique qui devait servir d'exemple à plus
d'un constructeur, et résoudre, au moins suivant nos be-
soins actuels, le problème de la composition de ce monument si important dans toutes les villes.

Grâce aux Halles centrales, le nom de M. Baltard ne
devrait jamais être oublié ; et cependant on peut craindre
que, par son excellence même, cet édifice soit impuissant
à conserver, du moins pour la foule, la mémoire de celui
qui l'a élevé. Je m'explique. Je viens de dire que les Halles
ont déjà été bien souvent copiées ; quelques artistes s'en
sont seulement inspirés, mais plus d'un architecte a suivi
presque point par point les idées de M. Baltard. Cette
espèce de plagiat se répand de plus en plus, et il faut dire
qu'il est presque nécessaire puisque, pour l'instant, c'est
dans cette manière de comprendre un marché que se
trouve réellement la solution pratique. Mais cette abon-
dance d'édifices similaires, qui menacent de s'étendre encore, est destinée à englober le monument initial. La
création d'un seul homme paraîtra un jour la création de

tous, et lorsque, dans l'avenir, on admirera toutes ces grandes constructions, on ne saura peut-être plus distinguer le monument primitif, ni reconnaître alors le nom de l'éminent architecte qui a été le créateur du type original.

C'est là une des misères de la profession d'architecte ; mais on pourrait certainement l'éviter à la mémoire de notre confrère, si l'administration prenait la résolution de donner à l'une des rues qui entourent les Halles centrales le nom de rue Victor Baltard.

Le cadre de cette notice, naturellement un peu restreint, m'interdit de passer en revue et surtout d'apprécier tous les travaux de M. Baltard ; la seule nomenclature en est déjà bien considérable (1), et je craindrais de mal remplir la tâche de grouper avec clarté les innombrables productions de notre regretté confrère. D'ailleurs, cette étude vient d'être faite avec l'élégance et la sobriété qui distinguent le style d'un autre de nos confrères.

M. Delaborde, dans un remarquable article qu'il a publié dernièrement dans la *Revue des Deux-Mondes,* a marqué nettement le caractère élevé de M. Baltard. Il a signalé toutes ses œuvres, et il a montré que l'homme ne le cédait pas à l'artiste. Je ne pourrais qu'affaiblir la portée de cet article si je voulais, non pas le compléter, mais même seulement tenter de le prendre pour guide. Je crois donc devoir rester dans la limite que je m'étais imposée et ne pas chercher autre chose que l'espèce d'analyse que j'ai

---

(1) Voir à la fin de cette notice.

essayé de faire du talent de mon vaillant prédécesseur. La
notice sera moins complète il est vrai, mais peut-être y
reconnaîtra-t-on néanmoins les traits principaux qui, suivant moi, ont caractérisé la carrière architecturale de
M. Baltard.

Cependant, avant de terminer, je voudrais insister sur
un point qui est tout à son honneur, et dire le bel exemple
de foi et de simplicité qu'il a donné quelques mois à peine
avant sa mort. Il s'agit du concours de l'Hôtel-de-Ville.

Mieux que personne vous savez, Messieurs, que le
concours réserve surtout tous ses avantages aux jeunes,
à ceux dont la notoriété, déjà indiquée peut-être, n'est pas
encore confirmée. Là, les concurrents ne risquent guère
qu'une perte de temps, et le temps n'est pas toujours très-
précieux quand les affaires sont encore rares ; si l'on échoue
alors, il ne reste aucune défaveur sur le nom de l'artiste
presque ignoré du public ; si l'on réussit, les acclamations
peuvent suivre le vainqueur avec d'autant plus de sincérité
que celui-ci n'a pas encore eu le temps de se faire des
jaloux. Le concours heureux décide souvent de l'avenir
de jeunes artistes, et j'en sais même qui lui doivent l'honneur d'être entrés à l'Institut. Mais lorsque l'âge est venu,
que le nom est connu, et que l'on n'a guère plus rien à
gagner, les conditions changent ; un succès n'ajoute pas
grand'chose à la position acquise, un échec peut la com-
promettre ; j'entends dans l'esprit de certaines gens qui
jugent le talent d'après la réussite. Il est vrai que les
hommes de bonne foi sentent leur estime s'augmenter
pour ceux qui, arrivés au point culminant de leur carrière,
ne craignent point de se mesurer avec les plus jeunes et

les plus audacieux. Néanmoins, il faut bien reconnaître qu'il y a toujours pour un artiste déjà acclamé un véritable courage à s'exposer dans un combat dont l'issue est aléatoire, et, quant à moi, Messieurs, je sens mon respect s'accroître pour ceux qui furent et qui sont encore mes maîtres, lorsque je les vois encore les premiers à la lutte.

M. Baltard fut de ceux-là; après le concours pour le tombeau de Napoléon Ier, concours qu'il fit jadis, alors qu'il était dans les conditions favorables à l'audace, il prit part au concours ouvert pour la reconstruction de l'Hôtel-de-Ville, alors qu'il n'avait plus à voir s'accroître sa réputation; mais, il me l'a dit plus d'une fois, il lui semblait ainsi remplir un devoir. Il avait été longtemps l'architecte de l'Hôtel-de-Ville, il connaissait tout ce qui se rapportait à la composition d'un tel monument, et il aurait cru faillir, s'il n'avait pas cherché à apporter ses idées, non pas tant dans l'espoir qu'elles seraient victorieuses, que dans celui de les voir en partie utilisées par l'élu du concours.

C'était là, il faut le reconnaître, un noble sentiment, et M. Baltard qui, lors de son administration à la Ville de Paris, avait eu sous ses ordres, ou du moins sous sa direction, presque tous les architectes de valeur, ne voulut pas se dérober à ce qu'il regardait comme une stricte obligation, et il devint le rival volontaire de ceux dont il avait été le chef hiérarchique.

Vous avez tous vu, Messieurs, les remarquables études que M. Baltard avait envoyées; elles n'ont point eu le prix; mais, suivant le désir de leur auteur, elles n'auront pas été indifférentes aux artistes qui les ont admirées. Au surplus, M. Baltard était placé dans des conditions particulières qui devaient fatalement lui retirer bien des chances; il connaissait trop à fond le programme à remplir; il savait toutes les petites exigences des employés, et il ne pouvait se laisser aller alors en liberté à toute son imagination. La logique seule devait le conduire, et, de fait, l'a conduit dans son projet; mais elle refoulait un peu son sentiment personnel, toujours retenu par un raisonnement impérieux.

M. Baltard, dans ces conditions, ne pouvait rechercher autre chose que les solutions absolument pratiques, et dès lors il se retirait forcément ce qui constitue le charme du concours : l'imprévu et la nouveauté.

Or, bien que dans le concours spécial de l'Hôtel-de-Ville l'imprévu fût moins de circonstance que dans d'autres concours, le sentiment artistique pouvait encore se dégager et primer ainsi l'entente minutieuse des questions de détail. M. Baltard ne l'ignorait pas; mais il se garda bien de reculer devant un insuccès presque fatalement prédit Le devoir, la conscience lui disaient de ne pas déserter la lutte, il savait qu'il devait être utile, et, comme les héroïques cuirassiers de Reichshoffen qui firent le sacrifice de leur vie afin de sauver l'armée, lui, fit le sacrifice de son amour-propre, ce qui est la vie de l'artiste, afin de sauver ses collègues de l'entraînement qui aurait pu résulter de leur seule imagination.

C'est là, Messieurs, une noble façon d'envisager l'art et de remplir sa mission; aussi ne saurait-on trop honorer celui qui a voulu que la fin de sa carrière fût conforme à toute sa vie; celui qui a voulu prêcher d'exemple et mon-

trer à la génération qui nous suit que, si le devoir, le dé-
sintéressement et le travail ne donnent pas toujours la
richesse à l'artiste, ils lui donnent au moins l'estime du
public, la considération et le respect de tous ceux qui ont
le cœur haut placé.

NOTES COMPLÉMENTAIRES

SUR LES TRAVAUX ET LA VIE DE

VICTOR BALTARD

NÉ A PARIS LE 19 JUIN 1805; — MORT LE 13 JANVIER 1874.

Élève de son père et de M. Guillon Lethière.

1833. — Admission à l'école des beaux-arts, section d'architecture.

1828. — Admission dans la section de scuplture.

1833. — Grand prix de Rome sur le sujet : *Une école militaire*.

1840. — Première place au concours pour le tombeau de Napoléon Ier.

PUBLICATIONS :

1828-1833. — Publication et gravure d'un volume des grands prix d'architecture, 120 planches in-folio.

1840. — Publication (avec M. Huillard-Bréholles et sous les auspices de M. le duc de Luynes). Auteur des planches accompagnant l'*Histoire de la Maison de Souabe et des Normands en Italie*.

1847-1848. — Publication d'un volume in-folio, texte et planche. Monographie de la villa de Médicis à Rome.

1847. — Rapport sur les marchés étrangers d'Angleterre, de Belgique, de Hollande et d'Allemagne, en collaboration avec M. Husson, chef de division de la préfecture de la Seine, et M. Anger, inspecteur général des marchés, à la suite d'un voyage fait avec eux en 1845.

Publication des Halles centrales.

Publication de la Galerie de Diane.

Articles nombreux du dictionnaire de l'*Académie des Beaux-Arts*.

Brochure sur les vitraux.

Brochure sur Vitruve.

Brochure sur l'École de Percier.

Discours à la distribution des prix à l'École de dessin.

TRAVAUX DIVERS :

Construction du corps de garde du boulevard Bonne-Nouvelle, — des Halles centrales (1845), — de Saint-Augustin (1862-1868), — de l'hôtel du timbre (1846-1850), — des bâtiments de l'octroi place Hôtel de ville, — du campanile de l'Hôtel de ville, — de l'escalier double de la bibliothèque à l'Hôtel de ville, — de l'escalier de la cour d'honneur à l'Hôtel de ville et décoration de cette cour.

RESTAURATIONS ET DÉCORATION DANS DIVERSES ÉGLISES :

Saint-Séverin, chapelles ; Saint-Merry, chapelles ; Saint-Gervais, chapelle de la Vierge ; Sainte-Élisabeth, abside ; Saint-Germain des Prés, chœur ; Saint-Eustache, maître-autel et chaire à prêcher, buffet d'orgues ; Saint-Philippe du Roule, chapelle des catéchismes ; Saint-Jacques du Haut-Pas, chapelle des catéchismes ; Saint-Étienne-du-Mont, chapelle et presbytère ; Saint-Leu, chapelle et presbytère ; Saint-Roch ; Saint-Germain l'Auxerrois ; Saint-Nicolas du Chardonnet ; Notre-Dame de Bonne-Nouvelle.

Restauration du temple de l'Oratoire.

Restauration du temple de Panthemont.

Restauration de l'hôtel du Châtelet, rue de Grenelle près l'archevêché.

Érection de la statue du prince Eugène, piédestal.

Construction du temple protestant à Nérac, par suite d'un concours en 1846.

Restauration de la chapelle de la Vierge à Troyes.

Restauration des châteaux de M. Haussmann, à Cestas.

Projets exécutés du marché aux bestiaux.

Projets approuvés pour l'Hôtel de ville d'Amiens.

Projets approuvés et prêts à exécuter pour des entrepôts à Callao.

Organisation des fêtes pour le mariage de l'empereur, pour le baptême du prince impérial, pour le mariage du prince Napoléon, pour la réception de la reine d'Angleterre, du roi d'Italie, des souverains lors de l'Exposition, etc.

Organisation des fêtes pour la rentrée des armées d'Italie (place Vendôme), de Crimée (place de la Bastille).

Organisation des fêtes pour l'inauguration des boulevards Prince-Eugène, Sébastopol, Malesherbes.

Direction et invention du berceau du prince impérial.

Direction et invention du surtout de l'Hôtel de ville.

Direction et invention du grand bijou décoratif représentant l'empereur entouré d'ornements et de pierreries.

Direction des albums offerts à l'impératrice et au prince impérial.

Constructions : tombeaux de MM. Rostan (Paris); capitaine Barbier (Paris); Sigalon (Rome) ; F. Gonin (Florence); Mme Boulanger (Paris) ; Mme Thomas (Paris); Hipp. Flandrin (Paris), et de son monument à Saint-Germain des Prés, famille Paul Flandrin; Ingres (Paris); Artaud (Paris), Lefébure-Wély (Paris) ; Huillier (Bagneux); Plon (Paris) ; Bernheim (Paris) ; Cousin (Paris); P. Baltard (Paris); Forster avec M. Bridoux (Paris).

Composition des médailles des Halles, du marché aux bestiaux, des ambulances de la presse, de Saint-Augustin, de la Société de tempérance, du conseil municipal, de la commission du dessin, des jetons de la commission des beaux-arts.

SERVICES ADMINISTRATIFS :

1827. — Conducteur surnuméraire des travaux de l'église Notre-Dame-de-Lorette.

1830. — Inspecteur de fêtes de Juillet.

1832. — Sous-inspecteur des travaux de la colonne de Juillet, des archives et du conservatoire des Arts et Métiers.

1839. — Architecte intérimaire de l'arrondissement de Saint-Denis.

1840. — Sous-inspecteur aux travaux de la Halle aux vins.

— — Inspecteur de la fête pour l'inauguration de la colonne de Juillet.

1841. — Inspecteur des travaux de l'école normale.

1842. — Professeur suppléant de théorie d'architecture à l'école des beaux-arts.

1842. — Inspecteur des beaux-arts de la ville de Paris.

1848. — Architecte en chef de la 1re section des travaux de la ville de Paris et des édifices diocésains du département de la Seine.

1868 à 1870. — Directeur des travaux du Musée d'architecture du département de la Seine.

1871. — Membre du conseil des bâtiments civils.

— Inspecteur général des bâtiments civils.

DIVERS :

Président (deux fois) de la société centrale d'architecture.

Vice-président de la commission des beaux-arts.

1863. — Membre de l'Académie des beaux-arts.

1854. — Chevalier de la Légion d'honneur.

1863. — Officier de la Légion d'honneur.